Ce livre appartient à...

....

Copyright © BPA Publishing Ltd 2021

Auteure : Pip Reid
Illustrateur : Thomas Barnett
Directeur de création : Curtis Reid
Correcteur-réviseur : Pascal Besserve

www.biblepathwayadventures.com

Merci de soutenir Bible Pathway Adventures®. Notre série d'aventures aide les
parents à faire plus amplement découvrir la Bible à leurs enfants, d'une façon
ludique et créative. Conçue pour toute la famille, la mission de Bible Pathway Adventures
est d'encourager le retour du discipulat dans les foyers, partout dans le monde.
La recherche de la Vérité est plus sage que les traditions !

ISBN: 978-1-989961-36-0

Le Roi ressuscité

La mort et la résurrection du Messie

"Il n'est point ici, car il est ressuscité, comme il l'avait dit." (Matthieu 28:6).

Pilate, le gouverneur romain, se leva et fit face à la foule. « Qui voulez-vous que je libère ? demanda-t-il, Barabbas ou Yeshua, le "roi des Juifs" ? » Une fois par an, les dignitaires romains graciaient un prisonnier choisi par le peuple. « Crucifie Yeshua ! » cria celui-ci en retour.

Exacerbée par les chefs religieux du Temple, la foule commençait à se soulever. Pilate devait agir vite. « Emmenez cet homme à Golgotha et crucifiez-le ! » ordonna-t-il. Les chefs religieux eurent un sourire de satisfaction. Ils n'aimaient pas la façon dont ce maître galiléen critiquait leurs règles et leurs traditions créées par l'Homme. Leur plan pervers pour se débarrasser de lui avait fonctionné.

Les soldats romains placèrent une poutre en bois sur le dos de Yeshua et ils le conduisirent à travers les rues de la ville. La Fête des Pains sans levain était sur le point de commencer et Jérusalem était remplie de pèlerins qui se bousculaient, impatients d'apercevoir ce célèbre maître.

Roué de coups, épuisé, Yeshua tomba à genoux et laissa tomber la lourde poutre sur le sol. Les soldats virent qu'il ne pourrait pas aller plus loin. Ils choisirent alors parmi la foule un homme nommé Simon et lui ordonnèrent de porter la poutre jusqu'à un endroit appelé Golgotha.

Judas baissait la tête, envahi par le chagrin et le remords. Il avait espéré de tout son coeur que Yeshua serait celui qui renverserait les Romains. Il ne comprenait pas les Écritures qui annonçaient que le Messie arriverait d'abord comme un serviteur dans la souffrance. Il l'avait attendu comme un roi conquérant, tel le roi David. « J'ai trahi mon Maître, pleurait-il, et il n'a rien fait de mal. »

Emportant l'argent que les chefs religieux lui avaient versé, Judas se précipita au Temple. Il fit irruption dans la cour et jeta rageusement les trente pièces d'argent par terre. « J'ai péché, j'ai trahi un homme innocent ! » dit-il.

Les chefs religieux le regardèrent, puis se détournèrent. « C'est ton problème, lui dirent-ils. Tu as décidé de le trahir ! » Dévasté et perdu, Judas s'enfuit alors et se suicida dans un champ. Les chefs des prêtres récupérèrent les pièces d'argent. « C'est l'argent du sang, déclarèrent-ils, et il est interdit de le mettre dans le trésor du Temple. » Ils l'utilisèrent donc pour acheter un champ afin d'y enterrer les étrangers. Ce champ devint connu sous le nom de Champ du Potier.

Did you know?

Le nom hébreu de Jésus est Yeshua. Son nom complet est Yehoshua, ce qui signifie « Dieu est mon salut ».

Une immense foule suivait Yeshua jusqu'à Golgotha, juste à l'extérieur des murs de la ville. Golgotha était le lieu où les soldats clouaient les condamnés sur une sorte de poteau pour avoir désobéi aux dirigeants romains. Ils déshabillèrent Yeshua puis clouèrent ses poignets à une poutre en bois. Ils enfoncèrent ensuite des clous en fer dans ses chevilles pour les fixer au poteau. Ces deux longs morceaux de bois formaient une croix. Ce terrible châtiment était ainsi connu sous le nom de crucifixion.

À l'aide de cordes, les soldats hissèrent ensuite la croix jusqu'à ce que Yeshua fût droit en hauteur. À ses côtés étaient aussi crucifiés un meurtrier et un voleur, l'un à sa droite, l'autre à sa gauche. Les soldats romains placèrent un écriteau au-dessus la tête de Yeshua où l'on pouvait lire « Le roi des Juifs ».

Ses ennemis froncèrent les sourcils devant l'écriteau car ils ne pensaient pas qu'il fût le roi de qui que ce soit. Ils allèrent voir Pilate et lui dirent : « Ne dis pas qu'il était le roi des Juifs. » Mais Pilate nia de la tête. Il savait que les chefs religieux étaient jaloux de ce maitre de Galilée. « Ce que j'ai écrit restera écrit ! » leur asséna-t-il.

Did you know?

La crucifixion était une forme d'exécution courante dans tout l'Empire romain. Les Romains dispersaient souvent dans les rues des villes des corps suspendus à des croix et des pieux, pour instaurer la peur parmi la population.

Ce jour-là, des gens de toutes parts étaient venus à Jérusalem, apportant leurs agneaux pour le sacrifice de la Pâque. En approchant des murs de la ville, nombre d'entre eux s'arrêtaient et se mettaient à rire de Yeshua : « Tu allais détruire le Temple et le reconstruire en trois jours. Descends donc de ta croix si tu es le Fils de Dieu ! »

D'autres le regardaient, incrédules. Ils pensaient qu'il était venu pour renverser les Romains et devenir le roi d'Israël. Mais au lieu de cela, il avait été torturé et crucifié. Ils détournaient les yeux et continuaient à marcher vers la ville, incapables de regarder ce terrible spectacle.

Les chefs religieux venaient eux aussi pour se moquer de lui : « Il a sauvé les autres, mais il ne peut se sauver lui-même. Regardons le roi d'Israël descendre de la croix maintenant ! » Les soldats et le voleur l'insultaient de la même façon : « Si tu es le Messie, sauve-toi et sauve-nous. » Seul le meurtrier défendait Yeshua en disant : « Il n'a rien fait de mal. »

Malgré les moqueries de ses ennemis, Yeshua les aimait toujours et était prêt à mourir pour leur péché. Dans sa grande souffrance, il priait : « Père, pardonne-leur car ils ne savent pas ce qu'ils font. »

À midi, une étrange obscurité s'abattit sur Jérusalem. Pendant trois heures le soleil ne brilla plus. Au Temple, les prêtres firent sonner les shofars pour annoncer le début des sacrifices de la Pâque. Les lourdes portes s'ouvrirent et des milliers de personnes envahirent les cours du Temple, avec leurs agneaux prêts à être abattus.

Les sacrifices continuèrent tout l'après-midi. Les prêtres égorgèrent tant d'agneaux que personne ne put les compter. Pendant ce temps, à Golgotha, Yeshua restait suspendu silencieusement sur la croix, ne disant pas un mot. En attendant sa mort, les soldats prirent ses vêtements et se les partagèrent.

Tout à coup, il s'écria d'une voix forte : « *Elohi ! Elohi ! L'mah sh'vaktani ?* » ce qui signifiait : « Mon Dieu, mon Dieu, pourquoi m'as-Tu abandonné ? » Certains se moquaient de lui : « Écoutez ! Il appelle le prophète Élie. Voyons si Élie le fera descendre de la croix ! » Peu après, Yeshua dit : « J'ai soif ! » Un soldat lui apporta une éponge trempée de vin aigre, mais il refusa de boire. Puis il cria : « Mon Père, entre tes mains je remets mon esprit. » Il baissa la tête et mourut.

Autour de Jérusalem, des choses étranges et mystérieuses commencèrent à se produire. Un énorme tremblement de terre secoua la ville. Les rochers se fendirent et le sol autour de la croix se fissura comme un œuf. Le grand rideau du Temple, qui séparait une salle intérieure appelée le Saint des Saints, du reste de l'édifice, se déchira de haut en bas. Seul le grand Prêtre pouvait aller derrière ce rideau, une fois par an.

À Golgotha, un officier romain qui montait la garde fut subjugué par tout ce qui s'était passé. « En vérité, c'était le Fils Dieu ! » dit-il. Non loin de là se trouvaient les amis et la famille de Yeshua, y compris sa mère Marie, Marie-Madeleine et d'autres femmes qui l'avaient suivi depuis la Galilée. Tous regardaient fixement la croix, sanglotant et pleurant leur Maître.

Les gardes de la croix avaient encore une tâche à accomplir. Ils brisèrent les jambes de l'assassin et du voleur afin d'accélérer leur mort. Mais quand ils s'approchèrent de Yeshua, ils constatèrent qu'il était déjà mort et s'en abstinrent. L'un d'eux lui planta alors une lance dans les côtes. Du sang et de l'eau se déversèrent de son corps, éclaboussèrent le sol et serpentèrent à travers les fissures de la terre.

Cet après-midi-là, Joseph, un disciple secret de Yeshua, se hâta d'aller voir le gouverneur romain. Joseph était membre du conseil religieux juif appelé Sanhedrin. Il désapprouvait la condamnation à mort de Yeshua. Prenant son courage à deux mains, il demanda à Pilate le corps de Yeshua. Pilate fut surpris d'apprendre qu'il était déjà mort. « Est-ce vrai ? demanda-t-il à ses soldats. Les hommes crucifiés mettent généralement beaucoup plus de temps à mourir... » Lorsqu'on lui confirma, il ordonna que le corps soit descendu de la croix et remis à Joseph.

Avec l'aide de son ami Nicodème, Joseph enveloppa soigneusement le corps dans un tissu de lin blanc et le déposa dans sa propre tombe, récemment taillée dans la roche. Face à celle-ci, les femmes venues de Galilée observaient où le corps de Yeshua serait déposé. Puis elles se précipitèrent en ville pour préparer des épices et du parfum afin d'embaumer sa dépouille.

Juste avant le coucher du soleil, Joseph et Nicodème firent rouler une grande pierre devant le tombeau pour que personne ne puisse y entrer ou en sortir. Pendant ce temps, le ciel de Jérusalem s'emplissait de la fumée des fours qui faisaient rôtir les milliers d'agneaux de la Pâque. Les gens se rassemblaient pour les déguster et se rappeler comment Dieu avait aidé leurs ancêtres à échapper à l'esclavage en Égypte.

Le lendemain, ce fut au tour des chefs religieux de se précipiter auprès de Pilate. Ils craignaient que les disciples de Yeshua ne volent son corps. « Cet homme a dit qu'il ressusciterait, dirent-ils. Donne-nous des soldats pour garder le tombeau au cas où ses disciples voleraient son corps et annonceraient à tout le monde qu'il est ressuscité d'entre les morts. »

Pilate s'assit sur le bord de son siège et tapota des doigts. Il ne voulait pas que les disciples de Yeshua provoquent des troubles pendant la Fête des Pains sans levain. « Allez garder le tombeau, dit-il à ses soldats. Faites en sorte qu'il soit aussi imprenable que vous savez le faire. »

Les soldats romains marchèrent jusqu'au tombeau et enfoncèrent une pointe de fer dans la roche pour que personne ne puisse ouvrir la porte. Puis ils surveillèrent l'endroit toute la journée et toute la nuit afin que personne ne puisse venir enlever le corps.

Did you know?

Les hommes riches étaient enterrés dans leurs propres tombes, souvent taillées dans la roche, à l'extérieur de la ville. L'enterrement de Yeshua dans cette tombe correspond aux dires d'Ésaïe 53:9 : « On a mis son tombeau parmi les méchants, sa tombe avec le riche... »

« Un ange a déplacé la porte en pierre. », racontèrent les soldats aux chefs religieux quand ils purent enfin leur parler. « Le tombeau est vide. Nous ne savons pas où le corps se trouve. » Un grand Prêtre leva la main pour faire taire les gardes. Il ne croyait ni aux anges ni à la vie après la mort. « Nous ne pouvons pas dire aux gens que le corps a disparu. Ils pourraient croire que cet homme était le Messie promis et nous demander des comptes. », dit-il.

Les autres chefs religieux acquiescèrent. Ils ne voulaient pas que les adeptes de Yeshua se révoltent pendant les Prémices. Ils élaborèrent donc un plan sournois. Ils remirent aux soldats un grand sac d'argent et leur dirent : « Dites que ses disciples sont venus dans la nuit et ont volé son corps pendant que vous dormiez. »

Les soldats se regardèrent avec anxiété. Cette idée ne leur convenait pas du tout. Dans l'armée romaine, les soldats qui s'endormaient pendant leur service de garde étaient condamnés à mort. « Ne vous inquiétez pas, ajoutèrent les chefs religieux, si Pilate apprend ce qui s'est passé, nous vous protégerons. »

Did you know?

Beaucoup de gens croient qu'il existe différentes façons de prononcer le nom de Dieu. Il s'agit notamment de Yah, Yahweh, Yahuah et bien d'autres.

Pierre et les disciples quittèrent la Galilée et se mirent en route pour Jérusalem afin de célébrer la fête de Chavouot. Leur chemin était encombré de gens et de boeufs qui transportaient des paniers de grains jusqu'au Temple. Tous chantaient, dansaient et louaient Dieu pour cette fête d'actions de grâces si particulière.

Yeshua apparut une dernière fois aux disciples à Jérusalem. Il mangea avec eux et leur dit : « Restez ici, en ville, et attendez le Saint-Esprit de Dieu. » Puis, il les conduisit au mont des Oliviers où, levant ses mains, il les bénit. Enfin, sans autre mot, il s'éleva dans le ciel sous leurs yeux puis disparut hors de leur vue.

Les disciples étaient stupéfaits. Où était parti leur Roi ? Tandis qu'ils gardaient toujours les yeux levés, deux hommes vêtus de blanc apparurent soudain à leur côté. « Vous, les Galiléens ! Pourquoi restez-vous ici à scruter le ciel ? Un jour, votre Roi reviendra de la même façon que vous l'y avez vu monter. », leur annoncèrent-ils.

Les disciples s'en retournèrent à Jérusalem, le cœur empli de joie : un jour, ils reverraient leur Messie ! Mais il était temps désormais de commencer la mission qu'il leur avait confiée : répandre partout la Bonne Nouvelle du Roi ressuscité et l'amour de son peuple.

FIN

« Un ange a déplacé la porte en pierre. », racontèrent les soldats aux chefs religieux quand ils purent enfin leur parler. « Le tombeau est vide. Nous ne savons pas où le corps se trouve. » Un grand Prêtre leva la main pour faire taire les gardes. Il ne croyait ni aux anges ni à la vie après la mort. « Nous ne pouvons pas dire aux gens que le corps a disparu. Ils pourraient croire que cet homme était le Messie promis et nous demander des comptes. », dit-il.

Les autres chefs religieux acquiescèrent. Ils ne voulaient pas que les adeptes de Yeshua se révoltent pendant les Prémices. Ils élaborèrent donc un plan sournois. Ils remirent aux soldats un grand sac d'argent et leur dirent : « Dites que ses disciples sont venus dans la nuit et ont volé son corps pendant que vous dormiez. »

Les soldats se regardèrent avec anxiété. Cette idée ne leur convenait pas du tout. Dans l'armée romaine, les soldats qui s'endormaient pendant leur service de garde étaient condamnés à mort. « Ne vous inquiétez pas, ajoutèrent les chefs religieux, si Pilate apprend ce qui s'est passé, nous vous protégerons. »

Did you know?

Beaucoup de gens croient qu'il existe différentes façons de prononcer le nom de Dieu. Il s'agit notamment de Yah, Yahweh, Yahuah et bien d'autres.

Trois jours après la mort de Yeshua, un autre énorme tremblement de terre secoua Jérusalem. Une lumière éclatante éclaira le tombeau et un ange terrifiant, vêtu de vêtements d'un blanc rayonnant, s'abattit du ciel comme un coup de foudre.

Les gardes du tombeau furent terrifiés. Ils tombèrent à terre, comme morts. Ils n'étaient pas de taille face au Roi ressuscité et à son puissant ange. Au même moment, de nombreuses tombes anciennes s'ouvrirent partout autour de la ville. Des hommes saints ressuscitèrent et en sortirent.

Quand les soldats se réveillèrent, l'ange avait disparu. La porte en pierre avait été déplacée et le tombeau était vide ! Ils se précipitèrent en ville pour raconter aux chefs religieux ce qui s'était passé. Mais ces derniers étaient occupés car c'était le jour des Prémices, un moment désigné où les gens remerciaient Dieu pour la récolte à venir. Chaque année, ce jour-là, le grand Prêtre agitait la première partie de la récolte d'orge devant Dieu au Temple. Les soldats, soucieux, se tenaient dehors et attendaient la fin de la cérémonie.

Craignant que les chefs religieux ne les arrêtent eux aussi, les disciples se cachèrent dans une maison de Jérusalem où ils ne pourraient être vus. Les hommes pleuraient et priaient leur Maître disparu. Bien qu'il leur eût expliqué à plusieurs reprises sa mort et sa résurrection à venir, ils restaient incrédules.

Tout à coup, Marie-Madeleine fit irruption dans la maison. Haletante, elle s'écria : « J'ai vu le Messie ! »
Ce matin-là, elle était allée au tombeau avec des épices pour prendre soin du corps de Yeshua. Mais à sa grande surprise, la pierre avait déjà été repoussée et le tombeau était vide.

Elle s'était empressée d'en prévenir les disciples, mais seuls Pierre et Jean étaient partis avec elle vers le jardin. Ils avaient vu le tombeau vide, mais n'avaient pas vu Yeshua. Marie était revenue et avait expliqué : « Un étranger s'est approché de moi. Je pensais que c'était le jardinier, mais c'était notre Messie ! »

Avant qu'elle n'ait pu finir de parler, les autres femmes étaient arrivées à la maison. Plus tôt ce matin-là, elles s'étaient également rendues au tombeau et avaient vu deux anges. Elles se mirent toutes à parler en même temps, comparant leurs histoires sur ce qu'elles avaient vu. « Yeshua veut que vous alliez en Galilée ! dit Marie Madeleine aux disciples. Il vous y retrouvera. »

Ce même jour, deux disciples quittèrent Jérusalem pour un village appelé Emmaüs. En marchant le long de la route, ils parlèrent de toutes les choses étranges et étonnantes qui s'étaient passées pendant la fête.

Un étranger les rejoignit bientôt. « Pourquoi êtes-vous tristes ? » demanda-t-il. Les disciples s'arrêtèrent et répondirent : « N'avez-vous pas entendu parler de la mort du grand Maître Yeshua ? Il a enseigné à beaucoup de gens le royaume de Dieu. Nous pensions qu'il nous libérerait de nos dirigeants romains, mais les chefs religieux ont exigé qu'il soit condamné à mort. »

L'étranger secoua la tête et leur dit : « Pauvres insensés ! Il est dit dans les Écritures que le Messie mourra pour le péché de son peuple. » Puis, utilisant les mots de Moïse et des prophètes, il expliqua comment et pourquoi le Messie devait mourir.

Arrivés à Emmaüs, les deux hommes invitèrent l'étranger à partager un repas. Tandis que celui-ci bénissait la nourriture, ils se rendirent compte qu'il était Yeshua. Mais en un instant, il avait disparu. Les disciples bondirent de joie et d'enthousiasme, retournèrent en courant à Jérusalem pour annoncer aux autres disciples que Yeshua était ressuscité d'entre les morts.

Arrivés à Jérusalem, les deux disciples parlèrent aux autres du Messie ressuscité : « Nous avons parlé avec le Maître ! Il a expliqué les Écritures qui disent qu'il est le Sauveur d'Israël. » Les autres hommes opinèrent de la tête : « C'est vrai. Pierre l'a aussi vu pendant votre absence ! »

Alors que les disciples parlaient des Écritures, Yeshua apparut soudain parmi eux. « *Shalom Aleichem,* dit-il. *Que la paix soit sur vous.* » Les disciples restèrent bouche bée. Devant eux se tenait le Maître. « Ce doit être un fantôme ! s'écrièrent-ils. Toutes les portes et les fenêtres sont fermées. Comment a-t-il pu entrer dans la pièce sinon ? »

Yeshua sourit en voyant ses disciples effrayés. « N'ayez pas peur. Approchez-vous et touchez-moi. » Il leur montra les cicatrices sur ses poignets et ses chevilles. « Voyez, je ne suis pas un fantôme. Je suis en chair et en os. » Les disciples tendirent leurs mains et touchèrent fébrilement ses poignets et ses côtes cicatrisés. « Tu es vraiment le Fils de Dieu ! » admirent-ils.

La nouvelle de la résurrection de Yeshua se répandit rapidement dans tout Jérusalem. Même son propre frère Jacques n'avait pas cru qu'il fût le Messie. Désormais, lui et beaucoup d'autres y croyaient.

Pierre et les disciples quittèrent Jérusalem pour se rendre en Galilée. C'était le printemps et les collines étaient remplies de fleurs et d'oiseaux. Ils croisèrent des chameaux transportant des marchandises depuis l'Égypte et des marchands de grain en chemin vers Rome.

Un soir, en attendant Yeshua, les disciples allèrent pêcher en mer de Galilée. Ils y restèrent toute la nuit, mais n'attrapèrent pas le moindre poisson. Le lendemain matin, au lever du soleil, ils aperçurent un étranger debout sur le rivage. Ils ne reconnurent pas que c'était Yeshua.

Il les interpella et leur dit : « Jetez votre filet à l'eau ! » Les disciples s'exécutèrent et… le filet se remplit de tant de poissons que leur petite embarcation faillit couler. « Regardez ! dit Jean en désignant l'étranger. C'est le Messie ! » Ôtant sa tunique, Pierre sauta de la barque et nagea rapidement vers le rivage. Jean et les autres disciples suivirent avec la barque, traînant derrière eux le filet plein de poissons. Ils étaient tous si heureux de revoir leur Maître.

Did you know?

À l'époque du ministère de Yeshua, les seules Écritures dont disposaient les Hébreux étaient celles de l'Ancien Testament. Celui-ci comprenait la Torah, les Prophètes et les Psaumes et était connu sous le nom de Tanakh.

En atteignant le rivage, les disciples aperçurent un poisson et du pain cuisant au-dessus d'un feu. « Apportez un poisson que vous venez de pêcher ! » dit Yeshua. Les disciples étaient affamés, leur estomac grondait. Ils lui tendirent un poisson de leur filet. Aucun d'entre eux n'osa lui demander qui il était, mais ils savaient au fond d'eux-mêmes que c'était leur Roi ressuscité.

Ainsi, ce matin-là, assis au bord de l'eau, les disciples prirent un délicieux petit déjeuner de poisson frais et de pain. Après le repas, Yeshua se tourna vers Pierre. « M'aimes-tu ? » lui demanda-t-il trois fois. Pierre regarda le sol. Il avait encore honte d'avoir nié reconnaitre le Messie. « Oui, tu sais que je t'aime. », lui répondit-il à chaque fois. « Alors, va nourrir mes brebis ! » dit Yeshua. Il voulait que Pierre s'occupe de son peuple, Israël, et l'enseigne.

Après sa résurrection d'entre les morts, le Messie apparut de nombreuses fois à ses disciples. Il leur parla encore et encore du royaume de Dieu et leur expliqua comment les Écritures l'avaient désigné. Il leur donna des instructions importantes : « Allez partout et faites des disciples. Apprenez-leur à faire tout ce que je vous ai enseigné ! »

Pierre et les disciples quittèrent la Galilée et se mirent en route pour Jérusalem afin de célébrer la fête de Chavouot. Leur chemin était encombré de gens et de boeufs qui transportaient des paniers de grains jusqu'au Temple. Tous chantaient, dansaient et louaient Dieu pour cette fête d'actions de grâces si particulière.

Yeshua apparut une dernière fois aux disciples à Jérusalem. Il mangea avec eux et leur dit : « Restez ici, en ville, et attendez le Saint-Esprit de Dieu. » Puis, il les conduisit au mont des Oliviers où, levant ses mains, il les bénit. Enfin, sans autre mot, il s'éleva dans le ciel sous leurs yeux puis disparut hors de leur vue.

Les disciples étaient stupéfaits. Où était parti leur Roi ? Tandis qu'ils gardaient toujours les yeux levés, deux hommes vêtus de blanc apparurent soudain à leur côté. « Vous, les Galiléens ! Pourquoi restez-vous ici à scruter le ciel ? Un jour, votre Roi reviendra de la même façon que vous l'y avez vu monter. », leur annoncèrent-ils.

Les disciples s'en retournèrent à Jérusalem, le cœur empli de joie : un jour, ils reverraient leur Messie ! Mais il était temps désormais de commencer la mission qu'il leur avait confiée : répandre partout la Bonne Nouvelle du Roi ressuscité et l'amour de son peuple.

FIN

Teste tes connaissances !

(Réponds aux questions grâce aux réponses en bas de la page)

QUESTIONS

Qui a condamné Yeshua à mourir sur la croix ? ....

Qui a porté la poutre en bois de Yeshua à Golgotha ? ....

Lequel des disciples de Yeshua l'a trahi ? ....

Qui a fait rouler la pierre tombale ? ....

À quel moment désigné Yeshua s'est-il levé de la tombe ? ....

Qu'a utilisé le soldat romain pour percer les côtes de Yeshua ? ....

Qui a demandé à Pilate le corps de Yeshua ? ....

Qui a rencontré deux disciples sur la route d'Emmaüs ? ....

Après la résurrection, où les disciples sont-ils allés pêcher ? ....

Quelles instructions importantes Yeshua a-t-il données à ses disciples ? ....

RÉPONSES

1. Pilate, le gouverneur romain
2. Simon
3. Judas
4. Un ange
5. Le Jour des Prémices
6. Une lance
7. Joseph d'Arimathie
8. Yeshua
9. En mer de Galilée
10. Aller faire des disciples

Complète le puzzle de recherche de mots

R	P	S	T	Z	T	S	G	D	U
P	O	Â	D	E	O	G	O	I	G
B	I	M	Q	G	M	N	L	S	J
T	V	L	A	U	B	B	G	C	U
D	J	J	A	I	E	Y	O	I	D
T	G	M	T	T	N	Y	T	P	A
T	E	M	P	L	E	S	H	L	S
G	A	L	I	L	É	E	A	E	K
V	W	M	J	B	F	F	E	S	Y
M	E	S	S	I	E	S	L	T	E

DISCIPLES   GOLGOTHA

GALILÉE   MESSIE

JUDAS   TEMPLE

PÂQUE   ROMAINS

PILATE   TOMBE

Bible Pathway Adventures®

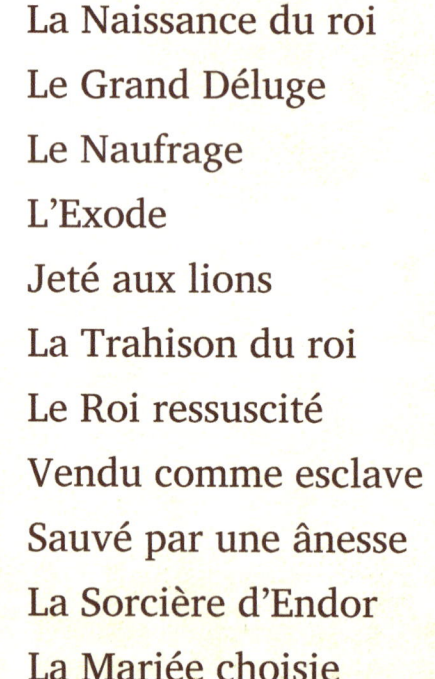

Découvrez d'autres histoires bibliques avec Bible Pathway Adventures®!

Consulte les cahiers d'activités de Bible Pathway Adventures

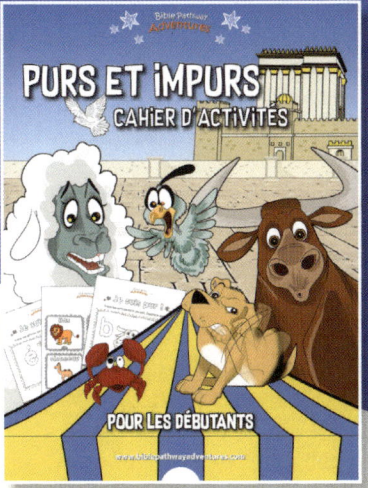

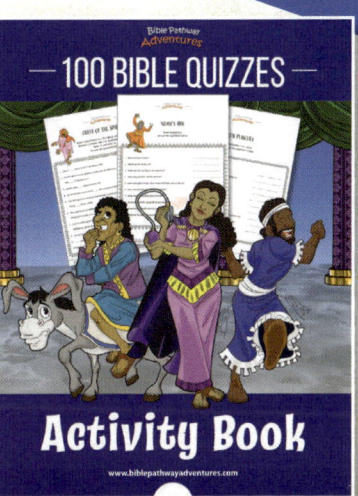

ALLER SUR

www.biblepathwayadventures.com

CPSIA information can be obtained at www.ICGtesting.com
Printed in the USA
BVIW121529190321
602996BV00008B/27